MP3 다운로드 방법

컴퓨터에서
- 네이버 블로그 주소란에 **www.lancom.co.kr** 입력 또는 네이버 블로그 검색창에 **랭컴**을 입력하신 후 다운로드

- **www.webhard.co.kr**에서 직접 다운로드
  아이디 : lancombook
  패스워드 : lancombook

스마트폰에서

콜롬북스 앱을 통해서 본문 전체가 녹음된 **MP3** 파일을 **무료**로 **다운로드**할 수 있습니다.
- 구글플레이·앱스토어에서 **콜롬북스 앱** 다운로드 및 설치
- 회원 가입 없이 원하는 도서명을 검색 후 **MP3 다운로드**
- 회원 가입 시 더 다양한 **콜롬북스** 서비스 이용 가능

▶ **mp3 다운로드**
www.lancom.co.kr에 접속하여 mp3파일을 무료로 다운로드합니다.

▶ **우리말과 원어민의 1 : 1 녹음**
책 없이도 공부할 수 있도록 원어민 남녀가 자연스런 속도로 번갈아가며 영어 문장을 녹음하였습니다. 우리말 한 문장마다 원어민 남녀 성우가 각각 1번씩 읽어주기 때문에 한 문장을 두 번씩 듣는 효과가 있습니다.

▶ **mp3 반복 청취**
교재를 공부한 후에 녹음을 반복해서 청취하셔도 좋고, 원어민의 녹음을 먼저 듣고 잘 이해할 수 없는 부분은 교재로 확인해보는 방법으로 공부하셔도 좋습니다. 어떤 방법이든 자신에게 잘 맞는다고 생각되는 방법으로 꼼꼼하게 공부하십시오. 보다 자신 있게 영어를 할 수 있게 될 것입니다.

▶ **정확한 발음 익히기**
발음을 공부할 때는 반드시 함께 제공되는 mp3 파일을 이용하시기 바랍니다. 언어를 배울 때 듣는 것이 중요하다는 것은 두말할 필요가 없습니다. 오랫동안 자주 반복해서 듣는 연습을 하다보면 어느 순간 갑자기 말문이 열리게 되는 것을 경험할 수 있을 것입니다. 의사소통을 잘 하기 위해서는 말을 잘하는 것도 중요하지만 상대가 말하는 것을 정확하게 듣는 것이 더 중요하다고 합니다. 활용도가 높은 기본적인 표현을 가능한 한 많이 암기할 것과, 동시에 원어민이 읽어주는 문장을 지속적으로 꾸준히 듣는 연습을 병행하시기를 권해드립니다. 듣는 연습을 할 때는 실제로 소리를 내어 따라서 말해보는 것이 더욱 효과적입니다.

쓰면서
말해봐
영어회화
일상편

쓰면서 말해봐 영어회화 일상편

2017년 11월 10일 초판 1쇄 인쇄
2017년 11월 15일 초판 1쇄 발행

지은이 이서영
발행인 손건
편집기획 김상배, 장수경
마케팅 이언영
디자인 이성세
제작 최승용
인쇄 선경프린테크

발행처 *LanCom* 랭컴
주소 서울시 영등포구 영신로38길 17
등록번호 제 312-2006-00060호
전화 02) 2636-0895
팩스 02) 2636-0896
홈페이지 www.lancom.co.kr

ⓒ 랭컴 2017
ISBN 979-11-88112-32-6 13740

이 책의 저작권은 저자에게 있습니다. 저자와 출판사의 허락없이
내용의 일부를 인용하거나 발췌하는 것을 금합니다.

쓰면서 말해봐 영어회화

Write and Talk!

일상편

이서영 지음

LanCom
Language & Communication

 들어가며

영어회화를 위한 4단계 공부법

읽기 듣기 말하기 쓰기 4단계 영어 공부법은 가장 효과적이라고 알려진 비법 중의 비법입니다. 아무리 해도 늘지 않던 영어 공부, 이제 **읽듣말쓰 4단계** 공부법으로 팔 걷어붙이고 달려들어 봅시다!

읽기

왕초보라도 문제없이 읽을 수 있도록 원어민 발음과 최대한 비슷하게 우리말로 발음을 달아 놓았습니다. 우리말 해석과 영어 표현을 눈으로 확인하며 읽어보세요.

✓ **check point!**
- 같은 상황에서 쓸 수 있는 6개의 표현을 확인한다.
- 우리말 해석을 보면서 영어 표현을 소리 내어 읽는다.

듣기

책 없이도 공부할 수 있도록 우리말 해석과 영어 문장이 함께 녹음되어 있습니다. 출퇴근 길, 이동하는 도중, 기다리는 시간 등, 아까운 자투리 시간을 100% 활용해 보세요. 듣기만 해도 공부가 됩니다.

- 우리말 해석과 원어민 발음을 서로 연관시키면서 듣는다.
- 원어민 발음이 들릴 때까지 반복해서 듣는다.

쓰기

영어 공부의 완성은 쓰기! 손으로 쓰면 우리의 두뇌가 훨씬 더 확실하게, 오래 기억한다고 합니다. 맞쪽에 있는 노트는 공부한 것을 확인하며 쓸 수 있도록 최적화되어 있습니다. 정성껏 쓰다 보면 생각보다 영어 문장이 쉽게 외워진다는 사실에 깜짝 놀라실 거예요.

✓ check point!

- 적혀 있는 그대로 읽으면서 따라 쓴다.
- 원어민의 발음을 들으면서 쓴다.
- 표현을 최대한 머릿속에 떠올리면서 쓴다.

말하기

듣기만 해서는 절대로 입이 열리지 않습니다. 원어민 발음을 따라 말해보세요. 계속 듣고 말하다 보면 저절로 발음이 자연스러워집니다.

✓ check point!

- 원어민 발음을 들으면서 최대한 비슷하게 따라 읽는다.
- 우리말 해석을 듣고 mp3를 멈춘 다음, 영어 문장을 떠올려 본다.
- 다시 녹음을 들으면서 맞는지 확인한다.

대화 연습

문장을 아는 것만으로는 충분하지 않습니다. 대화를 통해 문장의 쓰임새와 뉘앙스를 아는 것이 무엇보다 중요하기 때문에 6개의 표현마다 대화문을 하나씩 두었습니다.

✓ check point!

- 대화문을 읽고 내용을 확인한다.
- 대화문 녹음을 듣는다.
- 들릴 때까지 반복해서 듣는다.

이 책의 내용

PART 01 하루일과

- 01 아침에 일어날 때 · 12
- 02 아침식사 · 14
- 03 집을 나설 때 · 16
- 04 집안일 · 18
- 05 세탁 · 20
- 06 귀가 · 22
- 07 요리 · 24
- 08 저녁식사 · 26
- 09 잠자기 전에 · 28
- 10 휴일 · 30

PART 02 학교생활

- 01 입학 · 34
- 02 전공 · 36
- 03 수업 · 38
- 04 시험 · 40
- 05 성적 · 42
- 06 동아리활동 · 44
- 07 학교행사 · 46
- 08 아르바이트 · 48
- 09 데이트 · 50
- 10 졸업 · 52

PART 03 직장생활

- 01 출퇴근 · 56
- 02 회사생활 · 58
- 03 컴퓨터와 인터넷 · 60
- 04 이메일과 팩스 · 62
- 05 회의 · 64
- 06 상담과 교섭 · 66
- 07 승진과 이동 · 68
- 08 급여 · 70
- 09 휴가 · 72
- 10 접대 · 74

Write and Talk!

PART 04 초대와 방문

01	전화를 걸 때	78
02	전화를 받을 때	80
03	약속을 정할 때	82
04	약속 제의에 응답할 때	84
05	초대할 때	86
06	초대에 응답할 때	88
07	방문할 때	90
08	방문객을 맞이할 때	92
09	방문객을 대접할 때	94
10	방문을 마칠 때	96

PART 05 공공장소

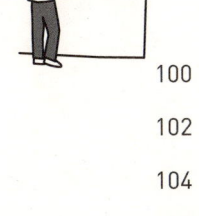

01	은행에서	100
02	우체국에서	102
03	이발소에서	104
04	미용실에서	106
05	세탁소에서	108
06	부동산에서	110
07	관공서에서	112
08	경찰서에서	114
09	미술관·박물관에서	116
10	도서관에서	118

PART 06 병원

01	병원에서	122
02	증세를 물을 때	124
03	증상을 설명할 때	126
04	아픈 곳을 말할 때	128
05	검진을 받을 때	130
06	수술을 받을 때	132
07	입원 또는 퇴원할 때	134
08	치과에서	136
09	병문안할 때	138
10	약국에서	140

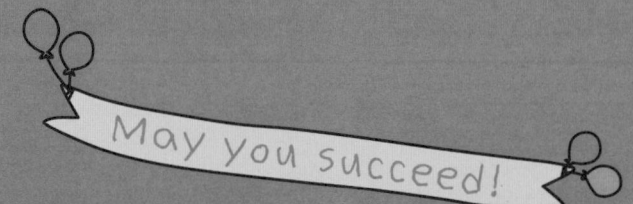

PART 01

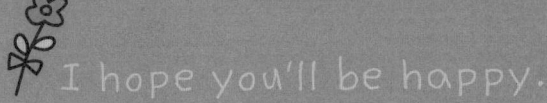

I hope you'll be happy.

✿ 눈으로 읽고
✿ 귀로 듣고
✿ 손으로 쓰고
✿ 입으로 소리내어 말한다!

하루일과

 # Unit 01 아침에 일어날 때

>> 녹음을 듣고 소리내어 읽어볼까요?  듣기

일어났니?
Did you get up?
디쥬 게럽

얼른 일어나거라.
Get up quickly.
게럽 퀴클리

일어날 시간이야!
It's time to get up!
잇츠 타임 투 게럽

아직 졸려요.
I'm still sleepy.
아임 스틸 슬리피

잠은 잘 잤니?
Did you sleep well?
디쥬 슬립 웰

악몽을 꿨어요.
I had a nightmare.
아이 해더 나잇메어

Conversation
A: Jane, did you get up?
B: Yes, I did.
제인, 일어났니?
네, 일어났어요.

 >> 말하기 <<

✎ Did you get up?

✎ Get up quickly.

✎ It's time to get up!

✎ I'm still sleepy.

✎ Did you sleep well?

✎ I had a nightmare.

 **아침식사**

>> 녹음을 듣고 소리내어 읽어볼까요? 『듣기』

와서 밥 먹어.
Come and eat.
컴 앤 잇

밥 먹기 전에 손 씻어라.
Wash your hands before meals.
워시 유얼 핸즈 비풔 밀즈

오늘 아침은 뭐예요?
What's for breakfast?
왓츠 풔 블랙퍼슷

오늘 아침은 오믈렛이야.
I prepared an omelet for breakfast.
아이 프리페어던 어믈릿 풔 블랙퍼슷

잘 먹었습니다.
I've had enough.
아이브 햇 이넙

아침 먹을 시간 없어요.
I don't have time for breakfast.
아이 돈트 햅 타임 풔 블랙퍼슷

A: **Come and eat, Jane.**
B: **I'm coming, Mom.**
제인, 와서 밥 먹어.
가요, 엄마.

>> 또박또박 쓰면서 말해볼까요? >> 말하기 <<

✏ Come and eat.

✏ Wash your hands before meals.

✏ What's for breakfast?

✏ I prepared an omelet for breakfast.

✏ I've had enough.

✏ I don't have time for breakfast.

 **Unit 03 집을 나설 때**

>> 녹음을 듣고 소리내어 읽어볼까요? 듣기

이 닦았니?
Did you brush your teeth?
디쥬 브러쉬 유얼 티쓰

세수 했니?
Did you wash your face?
디쥬 워시 유얼 페이스

빨리 옷 입어라.
Hurry up and get dressed.
허리 업 앤 겟 드레스트

오늘은 뭘 입지?
What should I wear today?
왓 슈다이 웨어 투데이

다녀올게요.
I'm leaving.
아임 리빙

오늘은 몇 시에 돌아오니?
What time will you come home today?
왓 타임 윌 유 컴 홈 투데이

A: I'm leaving. Bye mom!
B: What time will you come home?
다녀올게요, 엄마.
몇 시에 돌아오니?

✎ Did you brush your teeth?

✎ Did you wash your face?

✎ Hurry up and get dressed.

✎ What should I wear today?

✎ I'm leaving.

✎ What time will you come home today?

 # Unit 04 집안일

>> 녹음을 듣고 소리내어 읽어볼까요?   듣기

내 방은 너무 지저분해요.
My room is so messy.
마이 룸 이즈 쏘 메시

방 청소 좀 해라.
Clean up your room.
클리넙 유얼 룸

쓰레기 좀 내다버려 줄래?
Can you throw out the garbage?
캔 유 쓰로 아웃 더 가비쥐

설거지는 제가 할게요.
I'll do the dishes.
아일 두 더 디쉬즈

진공청소기로 바닥을 청소했어요.
I vacuumed the floor.
아이 배큐엄드 더 플로어

바닥 좀 닦아줄래?
Would you mop the floor?
우쥬 맙 더 플로어

 Conversation

A: **I'll do the dishes tonight.**
B: **That sounds good!**
오늘 저녁 설거지는 제가 할게요.
그거 좋은데!

- My room is so messy.

- Clean up your room.

- Can you throw out the garbage?

- I'll do the dishes.

- I vacuumed the floor.

- Would you mop the floor?

 # Unit 05 세탁

>> 녹음을 듣고 소리내어 읽어볼까요? 〈〈 듣기 〉〉

빨래가 쌓여 있어요.
There's a pile of laundry.
데얼저 파일롭 런드리

다려야 할 옷이 산더미예요.
There's a huge pile of ironing.
데얼저 휴 파일롭 아이언닝

빨래를 해야 해요.
I have to do laundry.
아이 햅투 두 런드리

건조대에 빨래 좀 널어 줘요.
Hang out the washing on the rack, please.
행 아웃 더 워싱 온 더 랙, 플리즈

빨래를 개야 해요.
I have to fold the laundry.
아이 햅투 폴더 런드리

빨래할 거 있어요?
Do you have anything to wash?
두 유 햅 애니씽 투 워시

Conversation
A: **There's a pile of laundry.**
B: **I'll run the washing machine.**
빨래가 쌓여 있어요.
내가 세탁기 돌릴게요.

또박또박 쓰면서 말해볼까요? >> 말하기 <<

- There's a pile of laundry.

- There's a huge pile of ironing.

- I have to do laundry.

- Hang out the washing on the rack, please.

- I have to fold the laundry.

- Do you have anything to wash?

 # Unit 06 귀가

>> 녹음을 듣고 소리내어 읽어볼까요?   듣기

다녀왔습니다.
I'm home.
아임 홈

오늘 어땠어요?
How was your day?
하우 워쥬얼 데이

간식 좀 주세요.
May I have some snack?
메아이 햅 썸 스낵

저녁식사 준비됐어요.
Dinner's ready.
디너즈 레디

밥 먹기 전에 샤워할게요.
I'll take a shower before dinner.
아일 테이커 샤우어 비풔 디너

오늘은 좀 늦을 거예요.
I might be home late.
아이 마잇 비 홈 레잇

A: I'm home.
B: Come on, dinner's almost ready.

다녀왔어요.
어서 오세요, 저녁 준비 거의 다 됐어요.

>> 또박또박 쓰면서 말해볼까요? >> 말하기 <<

✎ I'm home.

✎ How was your day?

✎ May I have some snack?

✎ Dinner's ready.

✎ I'll take a shower before dinner.

✎ I might be home late.

 **Unit 07 요리**

>> 녹음을 듣고 소리내어 읽어볼까요?   듣기

내가 점심 준비할게요.
I'll fix lunch.
아일 픽스 런치

테이블 세팅은 내가 할게요.
Let me set the table.
렛 미 셋 더 테이블

반죽을 얇게 미세요.
Roll the dough thin.
롤 더 도우 씬

마늘하고 생강 좀 넣어주세요
Add in some garlic and ginger.
애딘 썸 갈릭 앤 진저

고기를 아주 얇게 저미세요.
Cut the meat into very thin slices.
컷 더 밋 인투 베리 씬 슬라이시스

양파를 버터에 볶아주세요.
Fry the onion in the butter.
프라이 디 어니언 인 더 버러

Conversation

A: **Can I help you cooking?**
B: **Set the table.**

요리하는 걸 좀 도와드릴까요?
식탁을 차려라.

또박또박 쓰면서 말해볼까요? >> 말하기 <<

- I'll fix lunch.

- Let me set the table.

- Roll the dough thin.

- Add in some garlic and ginger.

- Cut the meat into very thin slices.

- Fry the onion in the butter.

 **Unit 08 저녁식사**

》 녹음을 듣고 소리내어 읽어볼까요? 듣기

오늘 저녁 메뉴는 뭐예요?
What's on the menu tonight?
왓츠 온 더 메뉴 투나잇

저녁은 어떤 걸 먹을까요?
What do you like for dinner?
왓 두 유 라익 풔 디너

반찬으로 불고기를 먹었어요.
I had bulgogi with side dishes.
아이 햇 불고기 윗 사이드 디쉬즈

우리는 토요일마다 음식 장을 봐요.
We go food shopping on Saturdays.
위 고우 풋 샤핑 온 세러데이즈

입에 맞게 소금으로 간을 맞추세요.
Season to taste with salt.
시즌 투 테이슷 윗 솔트

커피물 좀 올려주실래요?
Could you start the coffee?
쿠쥬 스탓 더 커피

Conversation

A: **What did you have for dinner?**
B: **I had a ham sandwich.**
저녁에 뭐 먹었어요?
햄샌드위치요.

26 · 쓰면서 말해봐 일상편

>> 또박또박 쓰면서 말해볼까요?   >> 말하기

✏ What's on the menu tonight?

✏ What do you like for dinner?

✏ I had bulgogi with side dishes.

✏ We go food shopping on Saturdays.

✏ Season to taste with salt.

✏ Could you start the coffee?

 ## Unit 09 잠자기 전에

» 녹음을 듣고 소리내어 읽어볼까요?

뜨거운 물로 목욕하고 싶어요.
I'd like to take a hot bath.
아이드 라익 투 테이커 핫 배스

텔레비전에서 뭐 재미있는 거 해요?
Is there anything good on TV?
이즈 데얼 애니씽 굿 온 티비

숙제는 했니?
Did you do your homework?
디쥬 두 유얼 홈웍

게임 좀 그만하지 그러니?
Why don't you just stop playing games?
와이 돈츄 저슷 스탑 플레잉 게임스

잭! 이제 잘 시간이야.
Hey, Jack! It's time for bed now.
헤이, 잭! 잇츠 타임 풔 벳 나우

잘 자. 좋은 꿈 꿔.
Goodnight. Sweet dreams.
굿나잇. 스윗 드림스

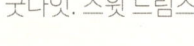

A: **What are you doing?**
B: **I'm just watching TV.**
뭐하니?
그냥 TV 보고 있어요.

>> 또박또박 쓰면서 말해볼까요?   >> 말하기

✏ I'd like to take a hot bath.

✏ Is there anything good on TV?

✏ Did you do your homework?

✏ Why don't you just stop playing games?

✏ Hey, Jack! It's time for bed now.

✏ Goodnight. Sweet dreams.

 # 휴일

>> 녹음을 들고 소리내어 읽어볼까요?

오늘 우리 뭐 할까요?
What shall we do today?
왓 쉘 위 두 투데이

낮잠을 자고 싶어요.
I want to take a nap.
아이 원투 테이커 냅

그냥 좀 쉬어야겠어요.
I need to just rest.
아이 닛 투 저슷 레슷

공원에 갈까요?
How about going to the park?
하우 어바웃 고잉 투 더 팍

장보러 갑시다.
Let's go grocery shopping.
렛츠 고 그로우서리 샤핑

오늘 저녁은 외식하는 게 어때요?
How about going out for dinner?
하우 어바웃 고잉 아웃 풔 디너

A: Get up! Let's go grocery shopping.
B: No, I want to sleep in on Sundays.
일어나요! 장보러 갑시다.
싫어요. 일요일엔 늦잠자고 싶어요.

>> 또박또박 쓰면서 말해볼까요?   >> 말하기

✎ What shall we do today?

✎ I want to take a nap.

✎ I need to just rest.

✎ How about going to the park?

✎ Let's go grocery shopping.

✎ How about going out for dinner?

 대화 연습 **PART 01**

● 대화 내용의 녹음을 듣고 우리말을 영어로 말해 보세요.

Unit 01

A: **Jane,** 일어났니?

B: **Yes, I did.**

Unit 02

A: 제인, 와서 밥 먹어.

B: **I'm coming, Mom.**

Unit 03

A: 다녀올게요, 엄마.

B: **What time will you come home?**

Unit 04

A: 오늘 저녁 설거지는 제가 할게요.

B: **That sounds good!**

Unit 05

A: **There's a pile of laundry.**

B: 내가 세탁기 돌릴게요.

Unit 06

A: 다녀왔어요.

B: **Come on, dinner's almost ready.**

Unit 07

A: 요리하는 걸 좀 도와드릴까요?

B: **Set the table.**

Unit 08

A: 저녁에 뭐 먹었어요?

B: **I had a ham sandwich.**

Unit 09

A: **What are you doing?**

B: 그냥 TV 보고 있어요.

Unit 10

A: **Get up! Let's go grocery shopping.**

B: **No,** 일요일엔 늦잠자고 싶어요.

PART 02

I hope you'll be happy.

✿ 눈으로 읽고
✿ 귀로 듣고
✿ 손으로 쓰고
✿ 입으로 소리내어 말한다!

학교생활

 # Unit 01 입학

>> 녹음을 듣고 소리내어 읽어볼까요?

입학사무실은 어디 있어요?
Where is the admission office?
웨어리즈 디 어드미션 오피스

성적증명서는 어디서 신청해요?
Where do I request my transcript?
웨얼 두 아이 리퀘스트 마이 트랜스크립

수강과목을 어떻게 추가하거나 취소할 수 있어요?
How do I add or drop classes?
하우 두 아이 애드 오어 드랍 클래시스

이 수업을 선택과목으로 들을 수 있을까요?
Can I take this class as an elective?
캐나이 테익 디스 클래스 애전 일랙팁

나는 남녀공용 층에 살아요.
I live on a co-ed floor.
아이 립 오너 코-에드 플로어

안내책자를 받지 못했어요.
I haven't received the brochure.
아이 해븐ㅌ 릿시브드 더 브러슈어

Conversation

A: **Where is the admission office?**
B: **Go straight.**
입학사무실은 어디 있어요?
곧장 가세요.

>> 또박또박 쓰면서 말해볼까요?   >> 말하기 <<

Where is the admission office?

Where do I request my transcript?

How do I add or drop classes?

Can I take this class as an elective?

I live on a co-ed floor.

I haven't received the brochure.

 # Unit 02 전공

»» 녹음을 듣고 소리내어 읽어볼까요?

듣기

무슨 공부하세요?
What are you studying?
워라유 스터딩

역사를 공부하고 있어요.
I'm studying history.
아임 스터딩 히스토리

생물학을 공부하고 있어요.
I'm studying biology.
아임 스터딩 바이얼러지

전공이 뭐예요?
What's your major?
왓츄얼 메이저

경제학을 전공하고 있어요.
I'm majoring in economics.
아임 메이저링 인 이카나믹스

영문학을 전공했어요.
I majored in English literature.
아이 메이져딘 잉글리쉬 리터레춰

 **Conversation**

A: **What are you studying?**
B: **Elementary education.**
무슨 공부하세요?
초등교육이요.

>> 또박또박 쓰면서 말해볼까요?   >> 말하기 <<

✏ What are you studying?

✏ I'm studying history.

✏ I'm studying biology.

✏ What's your major?

✏ I'm majoring in economics.

✏ I majored in English literature.

 **Unit 03 수업**

» 녹음을 듣고 소리내어 읽어볼까요?   듣기

질문 있어요.
I have a question.
아이 해버 퀘스쳔

좀 더 크게 말씀해 주시겠어요?
Could you speak up a little?
쿠쥬 스픽 업퍼 리를

더 쉬운 영어로 말씀해 주세요.
Speak in easier English.
스피킨 이지어 잉글리쉬

그거 어떻게 쓰죠?
How do you spell that?
하우 두 유 스펠 댓

그게 무슨 뜻이에요?
What do you mean by that?
왓 두 유 민 바이 댓

그것을 간단히 설명해 주시겠어요?
Can you explain it briefly?
캔 유 익스플레닛 브리플리

Conversation
A: May I ask you a question?
B: Sure.
질문 하나 해도 될까요?
물론이죠.

또박또박 쓰면서 말해볼까요?   >> 말하기 <<

✎ I have a question.

✎ Could you speak up a little?

✎ Speak in easier English.

✎ How do you spell that?

✎ What do you mean by that?

✎ Can you explain it briefly?

 # 시험

>> 녹음을 듣고 소리내어 읽어볼까요?

시험이 언제부터죠?
When does the exam start?
웬 더즈 디 이그젬 스탓

내일 시험이 있어요.
I have an exam tomorrow.
아이 해번 이그젬 투머러우

나 그 시험 완전 잘 봤어요.
I aced the test.
아이 에이스트 더 테슷

나 그 시험 잘 못 봤어요.
I didn't do well on the test.
아이 디든ㅌ 두 웰 온 더 테슷

시험을 망쳤어요.
I messed up on my test.
아이 메스트 어폰 마이 테슷

영어시험을 또 낙제했어요.
I failed the English exam again.
아이 페일드 디 잉글리쉬 이그젬 어게인

A: **I just heard I passed my exam.**
B: **Oh, that's great! Congratulations!**
방금 내가 시험에 합격했다는 소식을 들었어요.
아, 정말 잘됐다! 축하해!

40 · 쓰면서 말해봐 일상편

>> 또박또박 쓰면서 말해볼까요? >> 말하기 <<

✏ When does the exam start?

✏ I have an exam tomorrow.

✏ I aced the test.

✏ I didn't do well on the test.

✏ I messed up on my test.

✏ I failed the English exam again.

 # Unit 05 성적

>> 녹음을 듣고 소리내어 읽어볼까요?   듣기

A 받았어요.
I got an A.
아이 가런 에이

영어시험은 100점 맞았어요.
I got 100 points on the English test.
아이 갓 원 헌드레드 포인츠 온 디 잉글리쉬 테슷

성적이 올랐어요.
My grades went up.
마이 글래이즈 웬텁

성적이 떨어졌어요.
My grades went down.
마이 글래이즈 웬ㅌ 다운

수학성적은 어땠어?
What was your score in Math?
왓 워쥬얼 스코어 인 매스

그는 자기 반에서 1등이에요.
He is at the top of his class.
히 이즈 앳 더 탑 옵 히즈 클래스

 **Conversation**
A: Why do you seem so blue?
B: My grades went down.
왜 그렇게 우울해 보이니?
성적이 떨어졌어요.

>> 또박또박 쓰면서 말해볼까요? >> 말하기 <<

✎ I got an A.

✎ I got 100 points on the English test.

✎ My grades went up.

✎ My grades went down.

✎ What was your score in Math?

✎ He is at the top of his class.

 **Unit 06 동아리활동**

>> 녹음을 듣고 소리내어 읽어볼까요?

저는 밴드 동아리를 하고 있어요.
I'm in band club.
아임 인 밴드 클럽

어느 동아리에 들고 싶어요?
Which club do you want to join?
위치 클럽 두 유 원투 조인

우리 동아리에 들어오는 게 어때요?
How about joining our club?
하우 어바웃 조이닝 아워 클럽

지난달에 이 동아리에 가입했어요.
I joined this club last month.
아이 조인드 디스 클럽 래슷 먼스

이 동아리 회원이세요?
Are you a member of this club?
알 유 어 멤버롭 디스 클럽

가입 신청서를 써주세요.
Please fill out this membership form.
플리즈 필 아웃 디스 멤버쉽 폼

Conversation

A: **How about joining our club?**
B: **I'm in band club.**

우리 동아리에 들어오는 게 어때요?
저는 밴드 동아리를 하고 있어요.

>> 또박또박 쓰면서 말해볼까요?   >> 말하기

- I'm in band club.

- Which club do you want to join?

- How about joining our club?

- I joined this club last month.

- Are you a member of this club?

- Please fill out this membership form.

Unit 07 학교행사

>> 녹음을 듣고 소리내어 읽어볼까요?

듣기

오늘은 개교기념일이에요.
It is a school anniversary.
잇 이저 스쿨 애니버서리

겨울방학이 다가와요.
The winter vacation is coming.
더 윈터 베케이션 이즈 커밍

난 새학기를 기다려요.
I look forward to the beginning of school.
아이 룩 풔워드 투 더 비기닝 옵 스쿨

오늘은 우리 학교 축제의 전야제가 있었어요.
We celebrated the eve of my school festival.
위 셀러브레잇 더 이봅 마이 스쿨 페스티벌

우리는 일본으로 수학여행을 갔어요.
We went on a school trip to Japan.
위 웬트 오너 스쿨 트립 투 재팬

딸아이가 오늘 소풍을 가요.
Our daughter is going on a picnic today.
아워 다우러 이즈 고잉 오너 피크닉 투데이

Conversation

A: Jane, it's time to get up!
B: It is a school anniversary, Mom.

제인, 일어날 시간이야!
오늘은 개교기념일이에요, 엄마.

>> 또박또박 쓰면서 말해볼까요? >> 말하기 <<

✎ It is a school anniversary.

✎ The winter vacation is coming.

✎ I look forward to the beginning of school.

✎ We celebrated the eve of my school festival.

✎ We went on a school trip to Japan.

✎ Our daughter is going on a picnic today.

 # 아르바이트 Unit 08

>> 녹음을 듣고 소리내어 읽어볼까요?

시간제 아르바이트 자리 있나요?
Are there any offers of part-time work?
알 데얼 애니 어퍼솝 파트-타임 웍

아르바이트를 찾고 있어요.
I'm looking for a part-time job.
아임 룩킹 풔러 파트-타임 잡

나는 과외 아르바이트를 해요.
I tutor as a part-time job.
아이 튜터 애저 파트-타임 잡

나는 방학 동안 아르바이트를 했어요.
I worked a part-time job during vacation.
아이 웍터 파트-타임 잡 듀어링 베케이션

어제 아르바이트를 구했어요.
I got a part-time job yesterday.
아이 가러 파트-타임 잡 예스터데이

나는 시간당 6달러 받고 아르바이트해요
I work part-time for 6 dollars an hour.
아이 웍 파트-타임 풔 식스 달러즈 언 아워

Conversation

A: **What kind of part-time job shall we get?**
B: **Umm, I got a part-time job yesterday.**
우리 어떤 아르바이트 할까?
음, 난 어제 아르바이트를 구했어.

또박또박 쓰면서 말해볼까요?

>> 말하기

! Are there any offers of part-time work?

! I'm looking for a part time job.

! I tutor as a part-time job.

! I worked a part-time job during vacation.

! I got a part-time job yesterday.

! I work part-time for 6 dollars an hour.

 **데이트**

» 녹음을 듣고 소리내어 읽어볼까요?   《《 듣기 》》

만나는 사람 있어요?
Are you seeing anyone?
알 유 씨잉 애니원

커피 한 잔 할래요?
Fancy a coffee?
팬시 어 커피

저를 어떻게 생각하세요?
What do you think of me?
왓 두 유 씽콥 미

집까지 바래다 드려도 될까요?
Can I walk you home?
캐나이 월큐 홈

전화번호를 알 수 있을까요?
Could I take your phone number?
쿠다이 테이큐얼 포운 넘버

그녀는 연하남과 사귀고 있어요.
She is seeing a younger man.
쉬 이즈 씨잉 어 영거 맨

Conversation

A: What do you think of me?
B: Sorry, you're not my type!
날 어떻게 생각해?
미안하지만, 넌 내 타입 아니야.

  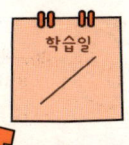

또박또박 쓰면서 말해볼까요? >> 말하기 <<

- Are you seeing anyone?

- Fancy a coffee?

- What do you think of me?

- Can I walk you home?

- Could I take your phone number?

- She is seeing a younger man.

 # 졸업

>> 녹음을 듣고 소리내어 읽어볼까요?

졸업 축하해요!
Congratulations on your graduation!
컨그래츄레이션스 온 유얼 그래쥬에이션

난 2011년에 졸업했어요.
I graduated in 2011.
아이 그래쥬에이티딘 투 싸우전 일레븐

우리는 그녀의 대학 졸업식에 참석했어요.
We attended her college graduation.
위 어텐딧 헐 칼리쥐 그래쥬에이션

졸업 선물 고마워요.
Thank you for the graduation gift.
땡큐 풔 더 그래쥬에이션 깁트

언제 졸업을 했죠?
When did you graduate?
웬 디쥬 그래쥬에잇

너 대학 졸업 언제하는 거야?
When do you graduate from college?
웬 두 유 그래쥬에잇 프럼 칼리쥐

A: Congratulations on your graduation!
B: Thank you for coming.

졸업 축하해요!
와주셔서 고마워요.

>> 또박또박 쓰면서 말해볼까요? >> 말하기

✏ Congratulations on your graduation!

✏ I graduated in 2011.

✏ We attended her college graduation.

✏ Thank you for the graduation gift.

✏ When did you graduate?

✏ When do you graduate from college?

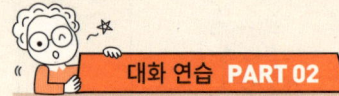

● 대화 내용의 녹음을 듣고 우리말을 영어로 말해 보세요.

Unit 01

A: 입학사무실은 어디 있어요?
B: **Go straight.**

Unit 02

A: 무슨 공부하세요?
B: **Elementary education.**

Unit 03

A: 질문 하나 해도 될까요?
B: **Sure.**

Unit 04

A: 방금 내가 시험에 합격했다는 소식을 들었어요.
B: **Oh, that's great! Congratulations!**

Unit 05

A: **Why do you seem so blue?**
B: 성적이 떨어졌어요.

Unit 06

A: 우리 동아리에 들어오는 게 어때요?
B: **I'm in band club.**

Unit 07

A: **Jane, it's time to get up!**
B: 오늘은 개교기념일이에요, 엄마.

Unit 08

A: **What kind of part-time job shall we get?**
B: **Umm,** 난 어제 아르바이트를 구했어.

Unit 09

A: **What do you think of me?**
B: **Sorry,** 넌 내 타입 아니야.

Unit 10

A: 졸업 축하해요!
B: **Thank you for coming.**

PART 03

I hope you'll be happy.

- 눈으로 읽고
- 귀로 듣고
- 손으로 쓰고
- 입으로 소리내어 말한다!

직장생활

 **Unit 01 출퇴근**

>> 녹음을 듣고 소리내어 읽어볼까요?

뭐 타고 출근하세요?
How do you go to work?
하우 두 유 고 투 웍

난 자동차로 출근해요.
I go to work by car.
아이 고 투 웍 바이 카르

한 시간 정도 걸려요.
It takes about an hour.
잇 테익서바웃 언 아워

사무실이 집에서 가까워요.
The office is near to my house.
디 아피씨즈 니어 투 마이 하우스

몇 시에 퇴근하세요?
When do you get off?
웬 두 유 게롭

오늘 일은 몇 시에 끝나요?
What time do you get off work today?
왓 타임 두 유 게롭 웍 투데이

Conversation

A: How do you go to work?
B: I go to work by bus.

뭐 타고 출근하세요?
난 버스로 출근해요.

>> 또박또박 쓰면서 말해볼까요?   >> 말하기

- How do you go to work?

- I go to work by car.

- It takes about an hour.

- The office is near to my house.

- When do you get off?

- What time do you get off work today?

 # Unit 02 회사생활

>> 녹음을 듣고 소리내어 읽어볼까요? 듣기

언제 입사하셨어요?
When did you join the company?
웬 디쥬 조인 더 컴퍼니

직책이 뭐예요?
What's your job title?
왓츄얼 잡 타이를

근무시간이 어떻게 되나요?
What are your office hours?
워라 유얼 어피스 아워즈

일에 점점 익숙해지고 있어요.
I'm getting used to the work.
아임 게링 유스터 더 웍

월급이 인상되어 기뻐요.
I'm happy to get a raise.
아임 해피 투 게러 레이즈

일주일에 이틀 쉬어요.
I have two days off each week.
아이 햅 투 데이좁 이치 윅

 Conversation
A: I asked my boss for a raise.
B: What? What did he say?
사장님에게 월급 인상을 요구했어요.
뭐라구요? 그가 뭐래요?

>> 또박또박 쓰면서 말해볼까요?　　　　　　　　　　　>> 말하기 <<

When did you join the company?

What's your job title?

What are your office hours?

I'm getting used to the work.

I'm happy to get a raise.

I have two days off each week.

Unit 03 컴퓨터와 인터넷

>> 녹음을 듣고 소리내어 읽어볼까요?

컴퓨터를 켜주세요.
Turn the computer on.
턴 더 컴퓨터 온

인터넷에 들어갔어요?
Did you go onto the internet?
디쥬 고 온투 디 인터넷

난 인터넷 서핑하는 거 좋아해요.
I like surfing the internet.
아이 라익 서핑 디 인터넷

난 지금 인터넷 게임을 하고 있어요.
I'm playing an internet game.
아임 플레잉 언 인터넷 게임

내 컴퓨터 바이러스 걸린 것 같아요.
I think my computer has a virus.
아이 씽 마이 컴퓨터 해저 바이러스

무선 인터넷 되나요?
Do you offer any wireless access?
두 유 오퍼래니 와이어리스 액세스

Conversation

A: Do you offer any wireless access?
B: Yes, we do.

무선 인터넷 되나요?
네, 됩니다

- Turn the computer on.
- Did you go onto the internet?
- I like surfing the internet.
- I'm playing an internet game.
- I think my computer has a virus.
- Do you offer any wireless access?

 **Unit 04 이메일과 팩스**

» 녹음을 듣고 소리내어 읽어볼까요?

이메일 잘 받았습니다.
Thank you for your e-mail.
쌩큐 풔 유얼 이-메일

답장이 늦어서 죄송해요.
I'm sorry I'm replying so late.
아임 소리 아임 리플라잉 쏘 레잇

그 목록을 저한테 이메일로 보내주시겠어요?
Would you send me the list by e-mail?
우쥬 샌 미 더 리숫 바이 이메일

첨부 파일을 봐주세요.
Please see the attached file.
플리즈 씨 디 어태취드 파일

팩스 번호가 어떻게 됩니까?
What's your fax number?
왓츄얼 팩스 넘버

그 서류를 팩스로 보내 주세요.
Please send the documents by fax.
플리즈 샌 더 도큐멘츠 바이 팩스

 **Conversation**
A: I sent you an e-mail but it got returned.
B: What? When?
이메일 보냈는데 되돌아왔던데요.
뭐라고요? 언제요?

>> 또박또박 쓰면서 말해볼까요?   >> 말하기 <<

- Thank you for your e-mail.

- I'm sorry I'm replying so late.

- Would you send me the list by e-mail?

- Please see the attached file.

- What's your fax number?

- Please send the documents by fax.

 # 회의

>> 녹음을 듣고 소리내어 읽어볼까요?

회의 중입니다.
I'm in a meeting.
아임 이너 미링

10분 후에 회의가 있어요.
I have a meeting in 10 minutes.
아이 해버 미링 인 텐 미닛츠

회의를 미룹시다.
Let's postpone the meeting.
렛츠 포슷포운 더 미링

회의를 시작합시다.
Let's get down to business.
렛츠 겟 다운 투 비즈니스

다른 의견 없나요?
Any other suggestions?
애니 아더 석제스쳔스

여기서 마치겠습니다.
Let's wrap things up.
렛츠 랩 씽접

Conversation

A: Let's postpone the meeting.
B: Until when?
회의를 미룹시다.
언제까지요?

 또박또박 쓰면서 말해볼까요?  말하기

- I'm in a meeting.

- I have a meeting in 10 minutes.

- Let's postpone the meeting.

- Let's get down to business.

- Any other suggestions?

- Let's wrap things up.

 # Unit 06 상담과 교섭

>> 녹음을 듣고 소리내어 읽어볼까요?

그것들은 2개 1벌로 판매합니다.
We sell them in pairs.
위 셀 뎀 인 페어즈

가격은 개당 20달러입니다.
The unit price is twenty dollars.
더 유닛 프라이스 이즈 투웨니 달러즈

상자 무게는 30킬로그램입니다.
The box weighs thirty kilograms.
더 박스 웨이스 써티 킬로그램스

그 안을 채택하겠습니다.
We will adopt the plan.
위 윌 어답 더 플랜

계약에 동의하십니까?
Do you agree with the contract?
두 유 어그리 윗 더 컨트렉트

이것은 계약위반입니다.
This is a breach of contract.
디시저 브리취 옵 컨트렉트

 **Conversation**

A: What is the minimum amount I can order?
B: It's 10 cartons.
주문 가능한 최소 수량은 얼마입니까?
10상자입니다.

✏ We sell them in pairs.

✏ The unit price is twenty dollars.

✏ The box weighs thirty kilograms.

✏ We will adopt the plan.

✏ Do you agree with the contract?

✏ This is a breach of contract.

 **Unit 07 승진과 이동**

>> 녹음을 듣고 소리내어 읽어볼까요?

 듣기

나 승진했어요!
I got promoted!
아이 갓 프러모우팃

그는 어제 좌천당했어요.
He was demoted yesterday.
히 워즈 디모우팃 예스터데이

그녀는 몇 달 전에 해고됐어요.
She was fired a few months ago.
쉬 워즈 파이어더 퓨 먼스 어고우

그녀는 이곳에서 정규직으로 일하나요?
Is she working full-time here?
이즈 쉬 워킹 풀-타임 히얼

그는 임시직이에요.
He is a temp.
히 이저 템

전근 신청을 했어요.
I put in for a transfer.
아이 푸린 풔러 트랜스풔

Conversation

A: **I got promoted!**
B: **Wow, congratulations!**
　나 승진했어요!
　와우, 축하해요!

  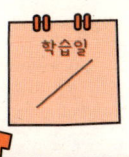

또박또박 쓰면서 말해볼까요? >> 말하기 <<

✏ I got promoted!

✏ He was demoted yesterday.

✏ She was fired a few months ago.

✏ Is she working full-time here?

✏ He is a temp.

✏ I put in for a transfer.

  Unit 08 급여

» 녹음을 듣고 소리내어 읽어볼까요?   듣기

나 월급이 올랐어요.
I got a raise.
아이 가러 레이즈

나 월급이 깎였어요.
I got a pay cut.
아이 가러 페이 컷

초봉이 얼마나 되나요?
What's the starting salary?
왓츠 더 스타링 샐러리

월급날이 언제죠?
When's your payday?
웬쥬얼 페이데이

보수는 괜찮아요.
The pay is decent.
더 페이즈 디센트

급여 인상을 요구하는 게 어때요?
Why don't you ask for a raise?
와이 돈츄 애슥 풔러 레이즈

 Conversation

A: **I got a raise.**
B: **Great! That's certainly good news.**
   나 월급이 올랐어.
   대단해! 듣던 중 반가운 소리네.

  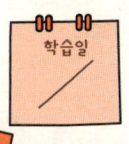

>> 또박또박 쓰면서 말해볼까요?   >> 말하기 <<

✏ I got a raise.

✏ I got a pay cut.

✏ What's the starting salary?

✏ When's your payday?

✏ The pay is decent.

✏ Why don't you ask for a raise?

 # Unit 09 휴가

» 녹음을 듣고 소리내어 읽어볼까요? 《《 듣기 》》

오늘 하루 월차예요.
I'll take today off.
아윌 테익 투데이 옵

오늘 오후 반차예요.
I'm off this afternoon.
아임 옵 디스 앱터눈

저는 내일부터 휴가예요.
My vacation begins tomorrow.
마이 베케이션 비긴스 터마로우

휴가 기간은 얼마나 되세요?
How long is your vacation?
하우 롱 이쥬얼 베케이션

그는 병가를 냈어요.
He called in sick.
히 콜딘 씩

어디로 휴가 가세요?
Where are you going on vacation?
웨어라 유 고잉 온 베케이션

A: **I'm taking vacation for a week.**
B: **What are you doing during that time?**
저는 1주일 동안 휴가예요.
그동안 뭐 하실 거예요?

>> 또박또박 쓰면서 말해볼까요?   >> 말하기 <<

✏ I'll take today off.

✏ I'm off this afternoon.

✏ My vacation begins tomorrow.

✏ How long is your vacation?

✏ He called in sick.

✏ Where are you going on vacation?

 **접대**

>> 녹음을 듣고 소리내어 읽어볼까요?   《 듣기 》

저녁을 대접할게요.
Let me treat you to dinner.
렛 미 트릿츄 투 디너

제가 점심 살게요.
I'll buy you lunch.
아일 바이 유 런치

제가 한 잔 사겠습니다.
I'll treat you a drink.
아일 트릿 유 어 드링크

언제가 좋으실까요?
When is it convenient for you?
웬 이짓 컨비니언트 풔 유

오늘 저녁에 할 일 있으세요?
Are you doing anything this evening?
알 유 두잉 애니씽 디스 이브닝

한 잔 더 하러 갑시다.
Let's go have another round.
렛츠 고 햅 어나더 롸운드

Conversation

A: Let me treat you to dinner.
B: Thanks, but I have a previous engagement this evening.
　저녁을 대접할게요.
　고맙지만, 오늘 저녁엔 선약이 있어서요.

>> 또박또박 쓰면서 말해볼까요? >> 말하기 <<

✎ Let me treat you to dinner.

✎ I'll buy you lunch.

✎ I'll treat you a drink.

✎ When is it convenient for you?

✎ Are you doing anything this evening?

✎ Let's go have another round.

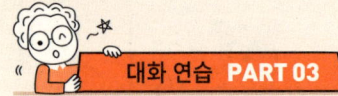 대화 연습 PART 03

● 대화 내용의 녹음을 듣고 우리말을 영어로 말해 보세요.

Unit 01
A: **How do you go to work?**
B: 난 버스로 출근해요.

Unit 02
A: **I asked my boss for a raise.**
B: **What?** 그가 뭐래요?

Unit 03
A: 무선 인터넷 되나요?
B: **Yes, we do.**

Unit 04
A: 이메일 보냈는데 되돌아왔던데요.
B: **What? When?**

Unit 05
A: 회의를 미룹시다.
B: **Until when?**

Unit 06
A: 주문 가능한 최소 수량은 얼마입니까?
B: **It's 10 cartons.**

Unit 07
A: 나 승진했어요!
B: **Wow, congratulations!**

Unit 08
A: 나 월급이 올랐어.
B: **Great! That's certainly good news.**

Unit 09
A: 저는 1주일 동안 휴가예요.
B: **What are you doing during that time?**

Unit 10
A: 저녁을 대접할게요.
B: **Thanks, but I have a previous engagement this evening.**

PART 04

I hope you'll be happy.

☆ 눈으로 읽고
☆ 귀로 듣고
☆ 손으로 쓰고
☆ 입으로 소리내어 말한다!

초대와 방문

 # 전화를 걸 때

>> 녹음을 듣고 소리내어 읽어볼까요?   듣기

제인이니?
Is Jane in?
이즈 제인 인

제인 있어요?
Is Jane there, please?
이즈 제인 데얼, 플리즈

제인 좀 바꿔주세요.
May I speak to Jane?
메아이 스픽 투 제인

톰인데요, 제인 좀 바꿔주세요.
This is Tom calling for Jane.
디시즈 탐 콜링 풔 제인

제인과 통화하고 싶습니다.
I'd like to speak to Jane, please.
아이드 라익 투 스픽 투 제인, 플리즈

말씀 좀 전해주시겠어요?
Could you take a message?
쿠쥬 테이커 메시쥐

Conversation

A: Hello, Is Jane there, please?
B: Yes, speaking.

여보세요. 제인 있어요?
네, 전데요.

>> 또박또박 쓰면서 말해볼까요?

✏ Is Jane in?

✏ Is Jane there, please?

✏ May I speak to Jane?

✏ This is Tom calling for Jane.

✏ I'd like to speak to Jane, please.

✏ Could you take a message?

 ## Unit 02 전화를 받을 때

>> 녹음을 듣고 소리내어 읽어볼까요? «« 듣기 »»

잠깐만 기다리세요.
Just a moment, please.
저슷터 모먼, 플리즈

잠깐만요.
Hang on a sec.
행 오너 섹

제인 바꿀게요.
I'll get Jane.
아일 겟 제인

그이에게 전화 드리라고 할까요?
Do you want him to call you back?
두유 원트 힘 투 콜 유 백

지금 다른 전화를 받고 계십니다.
He's on another line right now.
히즈 온 어나더 라인 롸잇 나우

지금 회의 중입니다.
He's in a meeting.
히즈 이너 미링

Conversation

A: **Hello, This is Jane calling for Tom.**
B: **I'm sorry, but he's not here at the moment.**
여보세요, 제인인데요, 톰 좀 바꿔주세요.
미안하지만, 지금 없는데요.

또박또박 쓰면서 말해볼까요?

- Just a moment, please.

- Hang on a sec.

- I'll get Jane.

- Do you want him to call you back?

- He's on another line right now.

- He's in a meeting.

 # 약속을 정할 때

>> 녹음을 듣고 소리내어 읽어볼까요?

지금 뵈러 가도 될까요?
May I call on you now?
메아이 콜 온 유 나우

몇 시에 만날까요?
What time shall we meet?
왓 타임 쉘 위 밋

몇 시가 편해요?
What time is convenient for you?
왓 타임 이즈 컨비니언트 풔 유

몇 시가 가장 좋으세요?
What time is the best?
왓 타임 이즈 더 베슷

점심 약속 있으세요?
How are you fixed for lunch?
하우 알 유 픽스트 풔 런취

어디서 만날까요?
Where shall we meet?
웨어 쉘 위 밋

Conversation

A: Can I see you, today?
B: I can't make it today, How about tomorrow?

오늘 만날 수 있을까요?
오늘은 안 되겠는데, 내일은 어때요?

 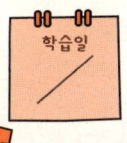

- May I call on you now?

- What time shall we meet?

- What time is convenient for you?

- What time is the best?

- How are you fixed for lunch?

- Where shall we meet?

Unit 04 약속 제의에 응답할 때

>> 녹음을 듣고 소리내어 읽어볼까요?

 듣기

좋아요.
That'll be fine.
댓일 비 퐈인

언제라도 좋을 때 오세요.
Come at any time you like.
컴 앳 애니 타임 유 라익

언제라도 좋아요.
Any time.
애니 타임

미안하지만 선약이 있어요.
Unfortunately, I have an appointment.
언풔처네이틀리, 아이 해번 어포인먼트

오늘은 안 되겠는데 내일은 어때요?
I can't make it today. How about tomorrow?
아이 캔트 메이킷 투데이. 하우 어바웃 터마로우

날짜를 다시 정할 수 있을까요?
Could we reschedule the date?
쿳 위 리스케쥴 더 데잇

Conversation

A: Jane, why don't we have a drink after work?
B: I'd love to.

제인, 일 끝나고 한 잔 할래요?
좋아요.

84 • 쓰면서 말해봐 일상편

 >> 또박또박 쓰면서 말해볼까요?  >> 말하기 <<

✏ That'll be fine.

✏ Come at any time you like.

✏ Any time.

✏ Unfortunately, I have an appointment.

✏ I can't make it today. How about tomorrow?

✏ Could we reschedule the date?

 **Unit 05 초대할 때**

>> 녹음을 듣고 소리내어 읽어볼까요?

저희집에 오시겠어요?
Would you like to come to my place?
우쥬 라익 투 컴 투 마이 플레이스

저희집에 식사하러 오시겠어요?
Can you come over to my place for dinner?
캔 유 컴 오버 투 마이 플레이스 풔 디너

언제 한번 놀러 오세요.
Please come and see me sometime.
플리즈 컴 앤 씨 미 썸타임

언제 한번 들르세요.
Please drop by sometime.
플리즈 드랍 바이 썸타임

언제 식사나 한번 같이 합시다.
Let's have lunch sometime.
렛츠 햅 런취 썸타임

제 생일 파티에 와 주세요.
Please come to my birthday party.
플리즈 컴 투 마이 벌쓰데이 파리

A: **How about having dinner with me tonight?**
B: **I'd love to. Where shall we meet?**
오늘밤에 저와 저녁식사 하실래요?
좋아요. 어디서 만날까요?

또박또박 쓰면서 말해볼까요? >> 말하기 <<

✎ Would you like to come to my place?

✎ Can you come over to my place for dinner?

✎ Please come and see me sometime.

✎ Please drop by sometime.

✎ Let's have lunch sometime.

✎ Please come to my birthday party.

 **Unit 06 초대에 응답할 때**

>> 녹음을 듣고 소리내어 읽어볼까요?  듣기

좋아요.
Great!
그레잇

꼭 갈게요.
I'll be there.
아일 비 데얼

기꺼이 가겠습니다.
I'll be glad to come.
아일 비 글랫 투 컴

좋아요.
That sounds good.
댓 사운즈 굿

초대해 주셔서 감사합니다.
That's very kind of you.
댓츠 베리 카인돕 유

미안하지만 갈 수 없습니다.
I'm sorry I can't.
아임 쏘리 아이 캔트

Conversation

A: We're having a party tonight. Can you come?
B: Sure. I'll be there.

오늘밤에 파티할 건데 올래?
그럼. 꼭 갈게.

 >> 또박또박 쓰면서 말해볼까요?  >> 말하기 <<

✎ Great!

✎ I'll be there.

✎ I'll be glad to come.

✎ That sounds good.

✎ That's very kind of you.

✎ I'm sorry I can't.

Unit 07 방문할 때

>> 녹음을 듣고 소리내어 읽어볼까요?

듣기

브라운 씨 댁입니까?
Is this Mr. Brown's residence?
이즈 디스 미스터 브라운즈 레지던스

브라운씨 계세요?
Is Mr. Brown in?
이즈 미스터 브라운 인

인사하려고 잠깐 들렀습니다.
I just dropped in to say hello.
아이 저슷 드랍틴 투 세이 헬로우

나중에 다시 오겠습니다.
I'll come again later.
아일 컴 어게인 레이러

집이 깨끗하고 예쁘네요.
You have a bright and lovely home.
유 해버 브라잇 앤 러블리 홈

이거 받으세요.
Here's something for you.
히얼즈 썸씽 풔 유

Conversation

A: **Am I too early?**
B: **No, Alan and Emily are already here.**
제가 너무 일찍 왔나요?
아니에요, 알렌과 에밀리가 벌써 와 있어요.

>> 또박또박 쓰면서 말해볼까요? >> 말하기 <<

✏ Is this Mr. Brown's residence?

✏ Is Mr. Brown in?

✏ I just dropped in to say hello.

✏ I'll come again later.

✏ You have a bright and lovely home.

✏ Here's something for you.

Unit 08 방문객을 맞이할 때

>> 녹음을 듣고 소리내어 읽어볼까요?

 듣기

어서 오세요.
You're most welcome.
유어 모숫 웰컴

와 줘서 정말 고마워요.
Thank you so much for coming.
땡큐 쏘 머치 풔 커밍

안으로 들어오세요.
Come in, please.
커민, 플리즈

앉으세요.
Please sit down.
플리즈 씻 다운

편히 계세요.
Please make yourself at home.
플리즈 메익 유얼셀프 앳 홈

우리 집을 구경시켜 드릴게요.
Let me show you around my house.
렛 미 쇼 유 어라운 마이 하우스

Conversation

A: Please make yourself at home.
B: Thank you. I feel at home already.

편하게 계세요.
고마워요. 이미 편안해요.

또박또박 쓰면서 말해볼까요?

>> 말하기

✏ You're most welcome.

✏ Thank you so much for coming.

✏ Come in, please.

✏ Please sit down.

✏ Please make yourself at home.

✏ Let me show you around my house.

방문객을 대접할 때

» 녹음을 듣고 소리내어 읽어볼까요?

저녁식사 준비 됐어요.
Dinner is ready.
디너리즈 레디

한국 음식 좋아하세요?
Do you like Korean food?
두 유 라익 코리언 푸드

많이 드세요.
Please help yourself.
플리즈 헬퓨얼셀프

입맛에 맞으시면 좋겠어요.
I hope you like it.
아이 호퓨 라이킷

후식으로 이 초콜릿 푸딩을 드셔 보세요.
Try this chocolate pudding for dessert.
트라이 디스 초콜릿 푸딩 풔 디젓

디저트 좀 더 드실래요?
Would you like some more dessert?
우쥬 라익 썸 모어 디젓

Conversation

A: Would you like some more dessert?
B: No, thanks, I'm stuffed.
디저트 좀 더 드실래요?
고맙지만 배불러요.

>> 또박또박 쓰면서 말해볼까요? >> 말하기

✎ Dinner is ready.

✎ Do you like Korean food?

✎ Please help yourself.

✎ I hope you like it.

✎ Try this chocolate pudding for dessert.

✎ Would you like some more dessert?

 **Unit 10 방문을 마칠 때**

>> 녹음을 듣고 소리내어 읽어볼까요?   듣기

이제 가봐야겠어요.
I think I should get going.
아이 씽카이 슛 겟 고잉

이렇게 늦었는지 몰랐어요.
I didn't realize how late it was.
아이 디든트 리얼라이즈 하우 레이릿 워즈

정말 맛있는 식사였어요.
Thank you for the nice dinner.
땡큐 풔 더 나이스 디너

이야기 즐거웠어요.
I've enjoyed talking with you.
아이브 인조이드 토킹 위듀

정말 즐거웠어요.
I've really enjoyed myself.
아이브 리얼리 인조이드 마이셀프

우리 집에 언제 한번 오세요.
Come over to my place sometime.
컴 오버 투 마이 플레이스 썸타임

Conversation

A: I've had a great time. Thank you.
B: Oh, the pleasure was all mine.

정말 즐거웠어요. 감사합니다.
아니에요, 오히려 제가 즐거웠어요.

또박또박 쓰면서 말해볼까요?   >> 말하기 <<

✎ I think I should get going.

✎ I didn't realize how late it was.

✎ Thank you for the nice dinner.

✎ I've enjoyed talking with you.

✎ I've really enjoyed myself.

✎ Come over to my place sometime.

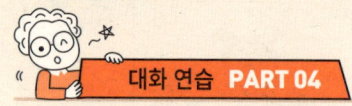 대화 연습 PART 04

● 대화 내용의 녹음을 듣고 우리말을 영어로 말해 보세요.

Unit 01

A: Hello, Is Jane there, please?
B: 네, 전데요.

Unit 02

A: Hello, This is Jane calling for Tom.
B: 미안하지만, 지금 없는데요.

Unit 03

A: 오늘 만날 수 있을까요?
B: I can't make it today, How about tomorrow?

Unit 04

A: Jane, 일 끝나고 한 잔 할래요?
B: I'd love to.

Unit 05

A: 오늘밤에 저와 저녁식사 하실래요?
B: I'd love to. Where shall we meet?

Unit 06

A: We're having a party tonight. Can you come?
B: 그럼. 꼭 갈게.

Unit 07

A: 제가 너무 일찍 왔나요?
B: No, Alan and Emily are already here.

Unit 08

A: Please make yourself at home.
B: Thank you. 이미 편안해요.

Unit 09

A: Would you like some more dessert?
B: 고맙지만 배불러요.

Unit 10

A: 정말 즐거웠어요. 감사합니다.
B: Oh, the pleasure was all mine.

PART 05

I hope you'll be happy.

- 눈으로 읽고
- 귀로 듣고
- 손으로 쓰고
- 입으로 소리내어 말한다!

공공장소

Unit 01 은행에서

» 녹음을 듣고 소리내어 읽어볼까요?   **듣기**

현금자동지급기는 어디 있어요?
Where is the ATM?
웨어리즈 디 에이티엠

은행 카드를 잃어버렸어요.
I've lost my bank card.
아이브 로슷 마이 뱅카드

달러로 계산하면 얼마가 되죠?
How much is it in dollars?
하우 머취 이짓 인 달러즈

100달러를 잔돈으로 바꿔주시겠어요?
Can you break a 100-dollar bill?
캔유 브레이커 원 헌드렛 달러 빌

이 여행자 수표를 현금으로 바꿔주세요.
I'd like to cash this traveler's check.
아이드 라익 투 캐시 디스 트래블러스 첵

계좌를 개설하고 싶은데요.
I'd like to open an account.
아이드 라익 투 오픈 언 어카운트

Conversation

A: **Can I change some money here?**
B: **No, sir. You've got to go to window 5.**

여기서 돈을 바꿀 수 있나요?
아닙니다, 선생님. 5번 창구로 가셔야 합니다.

  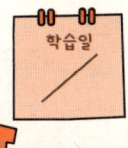

또박또박 쓰면서 말해볼까요? >> 말하기 <<

- Where is the ATM?

- I've lost my bank card.

- How much is it in dollars?

- Can you break a 100-dollar bill?

- I'd like to cash this traveler's check.

- I'd like to open an account.

 # Unit 02 우체국에서

>> 녹음을 듣고 소리내어 읽어볼까요? 듣기

우표 10장 주세요.
Ten stamps, please.
텐 스템스, 플리즈

여기서 소포용 박스를 파나요?
Do you have parcel boxes here?
두 유 햅 파셀 박시즈 히얼

이 소포를 항공편으로 보내주세요.
Send this package by airmail, please.
샌 디스 패키지 바이 에어메일, 플리즈

서울까지 얼마나 걸릴까요?
How long will it take to reach Seoul?
하우 롱 윌릿 테익 투 리취 서울

항공우편 요금은 얼마예요?
What's the air mail rate?
왓츠 디 에어 메일 레잇

등기로 해주세요.
I'd like to send it by registered mail.
아이드 라익 투 센딧 바이 레지스텃 메일

 Conversation
A: **I'd like to send this to Korea.**
B: **Surface mail, airmail, or special delivery?**
이것을 한국으로 부치고 싶습니다.
보통우편, 항공우편, 특급배송이 있는데요.

>> 또박또박 쓰면서 말해볼까요?   >> 말하기

Ten stamps, please.

Do you have parcel boxes here?

Send this package by airmail, please.

How long will it take to reach Seoul?

What's the air mail rate?

I'd like to send it by registered mail.

 **Unit 03 이발소에서**

» 녹음을 듣고 소리내어 읽어볼까요? 　듣기

이발을 하고 싶은데요.
I would like to have a haircut.
아이 우드 라익 투 해버 헤어컷

이발과 면도를 해 주세요.
A haircut and shave, please.
어 헤어컷 앤 쉐이브, 플리즈

이발만 해주세요.
Just a haircut, please.
저스터 헤어컷, 플리즈

약간만 다듬어 주세요.
Just a little trim.
저스터 리를 트림

너무 짧게 하지 마세요.
Not too short, please.
낫 투 숏, 플리즈

머리를 염색하고 싶은데요.
I'd like to dye my hair.
아이드 라익 투 다이 마이 헤어

Conversation

A: **How would you like to do your hair?**
B: **Just a trim, please.**
머리 모양을 어떻게 해드릴까요?
다듬기만 해주세요.

- I would like to have a haircut.

- A haircut and shave, please.

- Just a haircut, please.

- Just a little trim.

- Not too short, please.

- I'd like to dye my hair.

 # Unit 04 미용실에서

>> 녹음을 듣고 소리내어 읽어볼까요?

오늘 오후 3시에 예약하고 싶은데요.
I'd like to have an appointment for 3 p.m.?
아이드 라익 투 해번 어포인트먼트 풔 쓰리 피엠

머리는 어떻게 해드릴까요?
How would you like your hair done?
하우 우쥬 라이큐어 헤어 돈

이 헤어스타일이 요즘 유행이에요.
This hairstyle is the latest fashion.
디스 헤어스타일 이즈 더 래잇티슷 패션

여기까지 짧게 잘라주실래요?
Can you cut it short, up to here?
캔 유 커릿 숏, 업 투 히얼

앞머리는 앞으로 내주세요.
I'd like to cut some bangs.
아이드 라익 투 컷 썸 뱅스

자연스럽게 해 주세요.
I want a casual hairdo.
아이 워너 캐주얼 헤어두

Conversation
A: How about getting a perm?
B: OK, then a soft perm, please.
파마를 하시는 게 어때요?
좋아요. 약하게 파마를 해 주세요.

>> 또박또박 쓰면서 말해볼까요?   >> 말하기 <<

- I'd like to have an appointment for 3 p.m.?

- How would you like your hair done?

- This hairstyle is the latest fashion.

- Can you cut it short, up to here?

- I'd like to cut some bangs.

- I want a casual hairdo.

Unit 05 세탁소에서

>> 녹음을 듣고 소리내어 읽어볼까요?

듣기

이 양복 드라이해 주세요.
I need to get this suit dry cleaned.
아이 닛 투 겟 디스 슛 드라이 클린드

이 얼룩 좀 빼주세요.
Can you remove the stains?
캔 유 리무브 더 스테인즈

언제쯤 다 될까요?
When is it ready?
웨니즈 잇 레디

이 바지 단 좀 줄여주실래요?
Can you hem these pants?
캔 유 햄 디즈 팬츠

세탁비용은 얼마예요?
How much do you charge for laundry?
하우 머취 두 유 차쥐 풔 런드리

내일 아침까지 이 셔츠가 필요해요.
I need this shirt by tomorrow morning.
아이 닛 디스 셧 바이 터마로우 모닝

Conversation

A: May I help you?
B: I need to get this suit dry cleaned.

무엇을 도와 드릴까요?
이 셔츠 좀 드라이해 주세요.

또박또박 쓰면서 말해볼까요?   >> 말하기 <<

✏ I need to get this suit dry cleaned.

✏ Can you remove the stains?

✏ When is it ready?

✏ Can you hem these pants?

✏ How much do you charge for laundry?

✏ I need this shirt by tomorrow morning.

Unit 06 부동산에서

» 녹음을 듣고 소리내어 읽어볼까요?

원룸을 빌리고 싶은데요.
I want to rent a studio.
아이 원투 렌터 스튜디오

방 두 개짜리 아파트를 찾고 있어요.
I'm looking for a two bedroom apartment.
아임 룩킹 퓌러 투 배드룸 아파트먼ㅌ

월세는 얼마예요?
How much is the monthly rent?
하우 머취 이즈 더 먼쓸리 렌트

언제 입주할 수 있어요?
When can I move in?
웬 캐나이 무빈

보증금은 돌려받을 수 있나요?
Is the deposit refundable?
이즈 더 디파짓 리펀더블

아파트 좀 보여주시겠어요?
Would you mind showing me the apartment?
우쥬 마인드 쇼우잉 미 디 아파트먼ㅌ

Conversation

A: **It's a very solid house.**
B: **Yes, it is. How much is the monthly rent?**
아주 튼튼한 집이에요.
네, 그러네요. 월세는 얼마예요?

>> 또박또박 쓰면서 말해볼까요? >> 말하기

✏ I want to rent a studio.

✏ I'm looking for a two bedroom apartment.

✏ How much is the monthly rent?

✏ When can I move in?

✏ Is the deposit refundable?

✏ Would you mind showing me the apartment?

Unit 07 관공서에서

»» 녹음을 듣고 소리내어 읽어볼까요?   듣기

이민국이 어디에 있죠?
Where is the Immigration office?
웨어리즈 더 이미그레이션 오피스

여권을 보여주시겠습니까?
May I see your passport?
메아이 씨 유얼 패스폿

얼마나 체류할 겁니까?
How long will you stay?
하우 롱 윌 유 스테이

무슨 일을 합니까?
What is your occupation?
와리즈 유얼 어큐페이션

방문 목적이 뭡니까?
What is the purpose of your visit?
와리즈 더 펄퍼스 옵 유얼 비짓

현금을 얼마나 갖고 있습니까?
How much cash are you carrying?
하우 머치 캐시 알 유 캐링

A: **Are you an American citizen?**
B: **I am a green card holder.**

당신은 미국 시민입니까?
나는 영주권자입니다.

  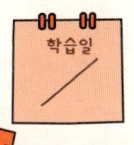

또박또박 쓰면서 말해볼까요?   >> 말하기 <<

✏ Where is the Immigration office?

✏ May I see your passport?

✏ How long will you stay?

✏ What is your occupation?

✏ What is the purpose of your visit?

✏ How much cash are you carrying?

 **경찰서에서**

>> 녹음을 듣고 소리내어 읽어볼까요?

지갑을 도둑맞았어요.
I had my purse stolen.
아이 햇 마이 펄스 스톨른

여권을 잃어버렸어요.
I have lost my passport.
아이 햅 로슷 마이 패스폿

자동차 사고가 났어요.
We've had a car accident.
위브 해더 카r 액시던트

내 잘못이 아니었어요.
It was not my fault.
잇 워즈 낫 마이 폴트

한국대사관에 전화를 좀 걸어주세요.
Please call the Korean Embassy.
플리즈 콜 더 코리언 엠버시

변호사와 얘기하고 싶어요.
I want to talk to a lawyer.
아이 원투 톡 투 어 로이어

A: What's up?
B: I have to report a theft.
무슨 일이세요?
도난 신고를 하려고요.

 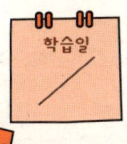

또박또박 쓰면서 말해볼까요? >> 말하기 <<

✎ I had my purse stolen.

✎ I have lost my passport.

✎ We've had a car accident.

✎ It was not my fault.

✎ Please call the Korean Embassy.

✎ I want to talk to a lawyer.

 **Unit 09 미술관·박물관에서**

» 녹음을 듣고 소리내어 읽어볼까요? 듣기

만지지 마세요.
Don't touch it.
돈ㅌ 터칫

여기서 사진 찍어도 돼요?
Can I take a picture here?
캐나이 테이커 픽춰 히얼

여기서 플래시를 사용해도 되나요?
May I use a flash here?
메아이 유저 플래쉬 히얼

입장료는 얼마예요?
How much is the admission fee?
하우 머취즈 디 어드미션 피

어른 두 장 주세요.
Two adults, please.
투 어덜츠, 플리즈

오후 6시에 폐관합니다.
The closing time is 6 p.m.
더 클로징 타임 이즈 식스 피엠

Conversation

A: Excuse me, may I use a flash here?
B: No. It's not allowed anywhere within this museum.

저기요, 여기서 플래시를 사용해도 되나요?
아니요. 이 박물관의 어디서든 안 됩니다.

116 • 쓰면서 말해봐 일상편

 >> 또박또박 쓰면서 말해볼까요? 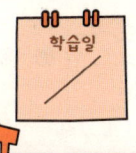 >> 말하기 <<

✎ Don't touch it.

✎ Can I take a picture here?

✎ May I use a flash here?

✎ How much is the admission fee?

✎ Two adults, please.

✎ The closing time is 6 p.m.

Unit 10 도서관에서

» 녹음을 듣고 소리내어 읽어볼까요? 🎧 듣기

이 책 빌릴 수 있나요?
Can I borrow this book?
캐나이 바로우 디스 북

책 대출 기간이 얼마나 되죠?
How long can I keep these books?
하우 롱 캐나이 킵 디즈 북스

이 책들의 대출 기간을 연장할 수 있어요?
May I renew these books?
메아이 리뉴 디즈 북스

몇 권까지 빌릴 수 있어요?
How many books can I check out?
하우 매니 북스 캐나이 체카웃

이 책들 반납할게요.
I'd like to return these books.
아이드 라익 투 리턴 디즈 북스

도서관 안에서 휴대폰을 사용하지 마세요.
Do not use a cellphone in the library.
두 낫 유저 셀포운 인 더 라이브러리

Conversation

A: I want to check this book out.
B: May I see your library card?

이 책을 대출하고 싶어요.
도서관 카드를 좀 보여주시겠어요?

- Can I borrow this book?

- How long can I keep these books?

- May I renew these books?

- How many books can I check out?

- I'd like to return these books.

- Do not use a cellphone in the library.

 대화 연습 PART 05

● 대화 내용의 녹음을 듣고 우리말을 영어로 말해 보세요.

Unit 01

A: 여기서 돈을 바꿀 수 있나요?

B: **No, sir. You've got to go to window 5.**

Unit 02

A: 이것을 한국으로 부치고 싶습니다.

B: **Surface mail, airmail, or special delivery?**

Unit 03

A: **How would you like to do your hair?**

B: 다듬기만 해주세요.

Unit 04

A: **How about getting a perm?**

B: 좋아요. 약하게 파마를 해 주세요.

Unit 05

A: **May I help you?**

B: 이 셔츠 좀 드라이해 주세요.

Unit 06

A: **It's a very solid house.**

B: **Yes, it is.** 월세는 얼마예요?

Unit 07

A: **Are you an American citizen?**

B: 나는 영주권자입니다.

Unit 08

A: **What's up?**

B: 도난 신고를 하려고요.

Unit 09

A: **Excuse me,** 여기서 플래시를 사용해도 되나요?

B: **No. It's not allowed anywhere within this museum.**

Unit 10

A: 이 책을 대출하고 싶어요.

B: **May I see your library card?**

PART 06

I hope you'll be happy.

☆ 눈으로 읽고
☆ 귀로 듣고
☆ 손으로 쓰고
☆ 입으로 소리내어 말한다!

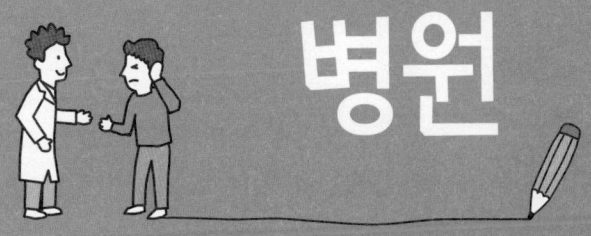

병원

Unit 01 병원에서

>> 녹음을 듣고 소리내어 읽어볼까요?

이 근처에 병원이 있습니까?
Is there a hospital near here?
이즈 데어러 하스피털 니어 히얼

병원으로 데려가 주세요.
Could you take me to a hospital, please?
쿠쥬 테익 미 투 어 하스피털, 플리즈

진료예약을 할 수 있을까요?
Can I make a doctor's appointment?
캐나이 메이커 닥터스 어포인트먼트

외래환자 입구는 어디입니까?
Where's the entrance for out-patients?
웨얼즈 디 엔트런스 풔 아웃-페이션츠

접수창구는 어디입니까?
Where's the reception desk?
웨얼즈 더 리셉션 데스크

진료실은 어디입니까?
Where's the doctor's office?
웨얼즈 더 닥터스 오피스

Conversation

A: Excuse me, where's the reception desk?
B: Go up this way, it's on your right side.

실례합니다. 접수처가 어디 있어요?
이 길로 곧장 가시면 오른쪽에 있습니다.

- Is there a hospital near here?

- Could you take me to a hospital, please?

- Can I make a doctor's appointment?

- Where's the entrance for out-patients?

- Where's the reception desk?

- Where's the doctor's office?

 # Unit 02 증세를 물을 때

>> 녹음을 듣고 소리내어 읽어볼까요?

어디가 아파서 오셨습니까?
What brings you in?
왓 브링스 유 인

여기가 아픕니까?
Have you any pain here?
해뷰 애니 페인 히얼

어디가 아프세요?
Where do you have pain?
웨얼 두 유 햅 페인

이렇게 아픈지 얼마나 됐습니까?
How long have you had this pain?
하우 롱 해뷰 햇 디스 페인

또 다른 증상이 있습니까?
Do you have any other symptoms with it?
두 유 해버니 아더 심텀즈 위딧

오늘은 좀 어떠세요?
How do you feel today?
하우 두 유 필 투데이

A: **Is something wrong with you?**
B: **I have a headache.**
어디가 아프세요?
머리가 아파요.

 >> 또박또박 쓰면서 말해볼까요?  >> 말하기 <<

✏ What brings you in?

✏ Have you any pain here?

✏ Where do you have pain?

✏ How long have you had this pain?

✏ Do you have any other symptoms with it?

✏ How do you feel today?

 **Unit 03 증상을 설명할 때**

>> 녹음을 듣고 소리내어 읽어볼까요? 〈〈 듣기 〉〉

어지러워요.
I feel dizzy.
아이 필 디지

구역질이 나요.
I feel nauseous.
아이 필 노우시어스

식욕이 없어요.
I don't have any appetite.
아이 돈ㅌ 해버니 애퍼타잇

배탈이 났어요.
My stomach is upset.
마이 스터먹 이즈 업셋

눈이 피곤해요.
My eyes feel tired.
마이 아이즈 필 타이어드

콧물이 나요.
I have a runny nose.
아이 해버 러니 노우즈

 **Conversation**

A: How long have you been coughing?
B: Oh, about three days.

기침한 지 얼마나 됐어요?
아, 한 사흘쯤 됐어요.

  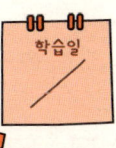

또박또박 쓰면서 말해볼까요?

✎ I feel dizzy.

✎ I feel nauseous.

✎ I don't have any appetite.

✎ My stomach is upset.

✎ My eyes feel tired.

✎ I have a runny nose.

 **Unit 04 아픈 곳을 말할 때**

>> 녹음을 듣고 소리내어 읽어볼까요?   듣기

머리가 아파요.
I have a headache.
아이 해버 헤데익

눈이 따끔거려요.
My eyes feel sandy.
마이 아이즈 필 샌디

이가 아파요.
I have a toothache.
아이 해버 투쎄익

목이 아파요.
I have a sore throat.
아이 해버 소어 쓰롯

무릎이 아파요.
I have a pain in my knee.
아이 해버 페인 인 마이 니

어깨가 뻐근해요.
My shoulders are stiff.
마이 숄더즈 알 스팁

Conversation

A: **My eyes get red and tired easily.**
B: **Put your forehead on here.**
눈이 쉬 충혈되고 피곤해요.
이마를 여기에 대세요.

- I have a headache.

- My eyes feel sandy.

- I have a toothache.

- I have a sore throat.

- I have a pain in my knee.

- My shoulders are stiff.

 **Unit 05 검진을 받을 때**

>> 녹음을 듣고 소리내어 읽어볼까요?

진찰해 봅시다.
Let me see.
렛 미 씨

누우세요.
Please lie down.
플리즈 라이 다운

체온을 재 봅시다.
Let's take your temperature.
렛츠 테익큐얼 템퍼래춰

혈압을 재 봅시다.
Let's take your blood pressure.
렛츠 테익큐얼 블러드 프레슈어

목을 검사해 보겠습니다.
Let me examine your throat.
렛 미 이그재민 유얼 쓰롯

내려오세요.
Get down.
겟 다운

Conversation

A: Have you ever had any serious problems?
B: Yes, I had tuberculosis when I was a child.
큰 질병을 앓은 적이 있으세요?
네, 어릴 때에 결핵을 앓았습니다.

 >> 또박또박 쓰면서 말해볼까요?

>> 말하기 <<

✏ Let me see.

✏ Please lie down.

✏ Let's take your temperature.

✏ Let's take your blood pressure.

✏ Let me examine your throat.

✏ Get down.

 **Unit 06 수술을 받을 때**

>> 녹음을 듣고 소리내어 읽어볼까요?

몇 가지 검사를 해야겠어요.
We'll need to run some tests.
위일 닛 투 런 썸 테슷츠

수술을 해야 하나요?
Am I going to need surgery?
엠 아이 고잉 투 닛 써저리

수술같은 것은 안 받았어요.
I didn't have any operations or anything.
아이 디든ㅌ 해버니 아퍼레이션스 오어 애니씽

수술은 안 해도 될 것 같습니다.
We won't have to do surgery.
위 원ㅌ 햅 투 두 써저리

수술은 잘 되었습니다.
The surgery was fine.
더 써저리 워즈 파인

합병증은 없습니다.
There were no complications.
데얼 워 노 캄플케이션스

A: **Amy out of surgery yet?**
B: **No, not yet. She should be soon.**
에이미 수술은 끝났어요?
아직요, 곧 끝날 거예요.

✏ We'll need to run some tests.

✏ Am I going to need surgery?

✏ I didn't have any operations or anything.

✏ We won't have to do surgery.

✏ The surgery was fine.

✏ There were no complications.

 **Unit 07 입원 또는 퇴원할 때**

» 녹음을 듣고 소리내어 읽어볼까요?   **듣기**

1인실로 주세요.
I want to have a private room.
아이 원투 해버 프리베잇 룸

공동 병실도 괜찮아요.
I'll be all right in a ward.
아일 비 올 롸잇 이너 워드

꼭 입원해야 하나요?
Do I have to go to the hospital?
두 아이 햅 투 고 투 더 하스피틀

얼마나 입원해야 해요?
How long will I have to be in the hospital?
하우 롱 윌 아이 햅 투 비 인 더 하스피틀

입원해도 보험이 적용될까요?
Will my insurance policy cover hospitalization?
윌 마이 인슈어런스 폴리시 커버 하스피틀라이제이션

언제 퇴원할 수 있죠?
When can I leave the hospital?
웬 캐나이 리브 더 하스피틀

Conversation
A: **When can I leave the hospital?**
B: **You'll be ready in a week.**
언제 퇴원할 수 있죠?
일주일 후에는 퇴원해도 될 겁니다.

✏ I want to have a private room.

✏ I'll be all right in a ward.

✏ Do I have to go to the hospital?

✏ How long will I have to be in the hospital?

✏ Will my insurance policy cover hospitalization?

✏ When can I leave the hospital?

 **치과에서**

>> 녹음을 듣고 소리내어 읽어볼까요? 듣기

입을 벌리세요.
Please open your mouth.
플리즈 오픈 유얼 마우스

충치가 몇 개 있어요.
You have several cavities.
유 햅 세브럴 캐버티스

잇몸에 염증이 있어요.
You have gingivitis.
유 햅 진지바이터스

입을 헹구세요.
Please rinse your mouth.
플리즈 린스 유얼 마우스

치석을 제거해야 해요.
You need a scaling.
유 니더 스케일링

뱉으세요.
Please spit.
플리즈 스핏

A: I'm going to numb it up now.
B: Yes, but be sure to numb it up good.
마취 주사를 놓을게요.
네, 안 아프게 해주세요.

>> 또박또박 쓰면서 말해볼까요?   >> 말하기 <<

✎ Please open your mouth.

✎ You have several cavities.

✎ You have gingivitis.

✎ Please rinse your mouth.

✎ You need a scaling.

✎ Please spit.

 **Unit 09 병문안할 때**

» 녹음을 듣고 소리내어 읽어볼까요?   듣기

면회 시간은 언제죠?
What time are visiting hours?
왓 타임 알 비짓팅 아워즈

외과 병동은 어디 있어요?
Where is the surgical ward?
웨어리즈 더 서지컬 워드

생각보다 건강해 보이네요.
You look better than I expected.
유 룩 베러 댄 아이 익스펙팃

틀림없이 곧 완쾌될 겁니다.
I'm sure you'll be completely cured.
아임 슈어 유일 비 컴플리틀리 큐엇

편하게 생각하고 푹 쉬세요.
Just take everything easy and relax.
저슷 테익 애브리씽 이지 앤 릴렉스

몸조리 잘 하세요.
Please take good care of yourself.
플리즈 테익 굿 케어롭 유얼셀프

 **Conversation**

A: Please take care of yourself.
B: Thank you for coming by.
몸조리 잘 하세요.
와줘서 고마워요.

- What time are visiting hours?

- Where is the surgical ward?

- You look better than I expected.

- I'm sure you'll be completely cured.

- Just take everything easy and relax.

- Please take good care of yourself.

 # Unit 10 약국에서

>> 녹음을 듣고 소리내어 읽어볼까요?

 듣기

이 약은 처방전이 필요합니까?
Is this a prescription drug?
이즈 디저 프리스크립션 드럭

이 처방전을 조제해 주시겠어요?
Would you make up this prescription, please?
우쥬 메이컵 디스 프리스크립션, 플리즈

붕대와 거즈 주세요.
I'd like some bandages and gauze.
아이드 라익 썸 밴디지스 앤 거즈

감기약 주세요.
I'd like some medicine for the cold.
아이드 라익 썸 메디슨 풔 더 콜드

여기 진통제가 들어 있습니까?
Is there any pain-killer in this?
이즈 데어래니 페인-킬러 인 디스

이 약을 먹으면 통증이 가라앉을까요?
Will this medicine relieve my pain?
윌 디스 메더슨 릴리브 마이 페인

Conversation

A: How many times a day should I take this?
B: You should take it every four hours.
하루에 몇 번 먹어요?
4시간마다 드세요.

또박또박 쓰면서 말해볼까요? >> 말하기

✎ Is this a prescription drug?

✎ Would you make up this prescription, please?

✎ I'd like some bandages and gauze.

✎ I'd like some medicine for the cold.

✎ Is there any pain-killer in this?

✎ Will this medicine relieve my pain?

 대화 연습 PART 06

- 대화 내용의 녹음을 듣고 우리말을 영어로 말해 보세요.

Unit 01
A: Excuse me, 접수처가 어디 있어요?
B: Go up this way, it's on your right side.

Unit 02
A: Is something wrong with you?
B: 머리가 아파요.

Unit 03
A: How long have you been coughing?
B: Oh, 한 사흘쯤 됐어요.

Unit 04
A: 눈이 쉬 충혈되고 피곤해요.
B: Put your forehead on here.

Unit 05
A: Have you ever had any serious problems?
B: Yes, 어릴 때에 결핵을 앓았습니다.

Unit 06
A: Amy, 수술은 끝났어요?
B: No, not yet. She should be soon.

Unit 07
A: 언제 퇴원할 수 있죠?
B: You'll be ready in a week.

Unit 08
A: I'm going to numb it up now.
B: 네, 안 아프게 해주세요.

Unit 09
A: 몸조리 잘 하세요.
B: Thank you for coming by.

Unit 10
A: 하루에 몇 번 먹어요?
B: You should take it every four hours.